Franz X. Bühler

Begeisterung

Zitate
Weisheiten
Anregungen

GRUSS UND UNBÄNDIGE BEGEISTERUNG

VIELLEICHT

gehörst du zu den Menschen,
welche die unglaubliche
Wirkung eines begeisterten
Lebens bereits aus eigener
Erfahrung kennen?
Vielleicht befindest du dich
inmitten belastender
Umstände, unter denen es dir
schwer fällt, auch heute
begeistert zu sein?

Oder vielleicht mag dich
jemand so, dass er dir ein
begeisterndes Leben wünscht?
So oder so:
Genieße einfach die Zeilen
dieses Büchleins. Es soll ein
Geschenk von einem
speziellen - für einen
speziellen Menschen - sein.

Begeisterung ist

eine der höchst bezahlten
Eigenschaften der Welt!
Und dies nicht nur in
finanzieller Hinsicht. Nein,
auch die Gesundheit dankt es
dir auf wundervolle Weise.

DARUM

lebe begeistert und stecke
andere Menschen mit deiner
Ausstrahlung an.

Es gibt kaum etwas Schöneres,
als lachende, fröhliche, ja,
begeisterte Menschen
um sich zu haben. ☺

Wo keine Begeisterung,

da ist auch kein Treibstoff!
Die Begeisterung ist der Funke,
der unsere schlummernden
Träume entzündet,
das Dynamit, welches die
Ideen explosionsartig
zu Erfolgen katapultiert.

BRAUCHT ES WIRKLICH UNBÄNDIGE BEGEISTERUNG,

um große Dinge zu schaffen? Reichen gute Pläne und Strategien, Disziplin und Durchhaltevermögen nicht? Was Pläne und Strategien angeht, so bin ich derselben Meinung: Sie sind wichtig und hilfreich, wenn du dich auf den Weg machst zum großen Wunsch, Traum und Ziel,

auch Disziplin und
Durchhaltevermögen sind dabei
unentbehrliche Tugenden.

Es geht nicht ohne
Begeisterung!

NEIN, DIE IDEE, DER PLAN

oder die Strategie allein
reichen wirklich nicht. Sie sind
lediglich das Holz. Erst die
Begeisterung erweckt
das Feuer zum Leben!
Welche Dinge ruhen noch in
dir? Welche Holzstapel hast
du bereits aufgeschichtet?
Wo fehlt nur noch der Funke,
damit es losgeht?

Eine der gesündesten

und über Jahre sprudelnde
Energiequelle ist die Begeisterung!
Leider scheint sie allerdings bei
sehr vielen Menschen in einer Art
Winterschlaf zu sein.
Wache auf!
Wecke deine Begeisterung,
für dich und dein Leben!
Es kann so herrlich sein.

JA, ICH FORDERE DICH HEUTE AUF:

Begeistere dich...
für deine Aufgaben,
für deine Gipfeltouren,
für deine Herausforderungen,
für dein Leben!

Auch wenn dies kaum jeden Tag
gelingt: Ich glaube an dich.
Du schaffst es ganz bestimmt!

STELL DIR VOR

dein Wunsch, der Traum, das Ziel oder das Projekt wären ein liebevoll aufgeschichteter, beeindruckender Holzstapel. Und genauso, wie es für einen großen Holzstapel viele einzelne Holzstücke braucht, besteht auch dein Ziel aus einer großen Anzahl einzelner Teilschritte. Dein sorgfältig vorbereiteter Stapel verfügt bereits über sehr viel Kraft. Leider ist diese jedoch immer noch gebunden im Holz. Damit dieses Feuer für deine Welt sichtbar wird, fehlt etwas Entscheidendes: Richtig, der entflammende Funke der Begeisterung!

Hast du schon einmal

einen Raum betreten, in dem gestritten wurde? Und wie hast du dich dort gefühlt, voller Energie und Lebenskraft? Wohl kaum. Und bist du einmal in einer Gruppe Menschen gewesen, die alle fröhlich, ja begeistert waren? Und wie hast du dich dort gefühlt? Und wo möchtest du lieber sein, wenn du wählen könntest?

ENTFACHE DEIN INNERES FEUER

der Begeisterung. Lasse es erstrahlen. Sei dankbar für alles, was dir in deinem wundervollen Leben, deinem Leben voller Wunder, gelingt und schätze die Nachhilfestunden, die es dir erteilt.

Du bist es wert!

Und was ist,

wenn es im Leben einmal einen
Berg zu überwinden gilt?
Dann brauchst du den
Turbo-Antrieb deines Geistes,
die Begeisterung!

Der Knopf dazu liegt in deinen
Händen. Drücke mutig drauf
und genieße, was folgt.

Fleiss gegen Begeisterung, wer gewinnt?

Wie heißt es so treffend im Volksmund: „Ohne Fleiß kein Preis!“ Sicher ein Satz, der viel Wahres birgt. Wer morgens zeitig aufsteht, gewissenhaft den Tag anpackt und mit Fleiß alle Dinge erledigt, kann mit Sicherheit sehr viel erreichen. Begegnet ihm aber ein großes Hindernis, wird sein Fleiß auf die Probe gestellt.

Häufen sich solche Hürden,
braucht es immer mehr Kraft
und es kann der Moment
eintreffen, wo Fleiß zwar eine
lobenswerte Tugend ist, doch
die Energie, die es braucht,
weiter fleißig zu sein, langsam,
aber sicher zu Ende geht.
Was dann?
Da hilft nur eines...

Die ultimative Begeisterung!

Sie ist die Quelle, aus welcher der Fleiß und seine Geschwister Disziplin und Durchhaltekraft ihre Kraft schöpfen.
Ich wünsche dir, dass dein Brunnen der Begeisterung für immer randvoll ist und bleibt.

DAS KRAFTVOLLE DUO HEISST ALSO:

Anstelle von

Fleiß gegen Begeisterung,
Fleiß mit Begeisterung!

Nicht umsonst

wurde das Buch
„Lebe begeistert und gewinne"
von Frank Bettger ein
Weltbestseller.

Werde auch du zum „Bestseller".
Lebe begeistert und gewinne!

Und das unschlagbare Duo?

Begeisterung mit Herzenswärme! Natürlich ist allein in der Begeisterung bereits sehr viel Gefühl und ich möchte sie auf keinen Fall in meinem Leben missen. Doch habe ich auch schon Begeisterungsfeuer gesehen, die eher einem Stroh- als einem Kaminfeuer glichen.

Sie waren groß und stark, aber leider nur von kurzer Dauer. Kommt jedoch Herzenswärme und damit die Liebe dazu, ist die Sache perfekt! Begeisterung gepaart mit Herzenswärme ist rund, weich und dauerhaft. Sie verzehrt nicht und lässt auch keine ausgebrannten „Gefühlshülsen“ zurück.

Begeisterung mit Herzenswärme

Liebe das, was du erreichen willst und tust. Begeistere dich mit allen Fasern deines Seins dafür! Mit dem Lieben einer Sache ist es wie mit der Begeisterung: Entdecke in allem, was du tust oder tun musst, die Teile, die du lieben kannst.

Bedeutet:

Akzeptiere die anderen
und sehe in ihnen wertvolle
Hölzer deines Feuers.
Begeistere dich für das Ganze,
liebe den Weg und jeden
einzelnen Schritt.
Begeisterung kennt keine
Grenzen! Diese Sprache
versteht jeder Mensch,
an jedem Ort der Welt!

1. Begeisterung
Ich begeistere
mich für mein
Leben. Ja, ich
bin begeistert!

Nach so vielen

begeisternden Anregungen
und Weisheiten ist klar,
was noch fehlt:

Ein funktionierendes
Rezept für Begeisterung.

Hier ist es!

Begeisterungsidee No. 1

Schreibe auf eine Karte,
die du immer bei dir trägst
und jeden Tag sehen kannst,
folgenden Text:

„Ich ...Vorname… begeistere
mich für mein Leben.
Ja, ich bin begeistert.
Danke, dass es so ist.“

Diese Sätze sagst du bitte laut und mit einem Lächeln im Gesicht mindestens 200mal pro Tag.

(leise geht natürlich auch, doch laut sind sie noch wirkungsvoller) ☺

Begeisterungsidee No. 2

Führe dein persönliches
Begeisterungstagebuch.
In dieses schreibst du dann
jeden Abend vor dem
Einschlafen deine persönlichen
Antworten auf folgende
Fragen:
Was ist mir heute
Begeisterndes passiert?
Welche Menschen machten
einen begeisterten Eindruck?

Was könnte mich morgen begeistern?

Das müssen keine weltbewegenden, großen Ereignisse sein. Auch die kleinen und kleinsten haben hier einen Platz verdient.

Suche und du wirst finden!

MEHRE BEWUSST

die kraftvollen Momente
der Begeisterung in
deinem Leben.

Du bist es wert!

Frage dich:

Welche Momente der
Begeisterung und des
Glücks durfte ich in
meinem Leben
verbuchen?
Erster Schultag,
erstmals verliebt,
erster Kuss,
bestandene Prüfungen,

Partnerschaft(en),
eigene Kinder,
Lotteriegewinn,
usw.

Ich wünsche dir viele begeisternde Einträge in dein persönliches Begeisterungstagebuch.

Du möchtest noch ein paar Anregungen und Ideen?

Dann frage dich:
Was habe ich heute erlebt,
das mich begeisterte und
glücklich machte?
Heute nach dem Aufstehen,
unterwegs zur Arbeit,
gute Menschen und
Situationen,
gut gelungene Arbeiten,
Komplimente erhalten,

liebevoll zubereitetes Essen genossen,
liebevoller Empfang zu Hause durch PartnerIn oder Kinder.

Ja, so schön kann das Leben sein. Finde und genieße deine begeisternden Momente - und führe sie dir in deinem Tagebuch immer wieder vor Augen!

Johann Gottfried Herder

meinte einmal zu
unserem Thema:
„Ohne Begeisterung
schlafen die besten Kräfte."

Höre auf diesen Weckruf,
strecke dich und öffne deine
Augen! Ich wünsche dir von
Herzen ein dich begeisterndes
Leben!

MINIBÜCHER
Zitate, Weisheiten, Anregungen

Franz X. Bühler - Deutsch

Mehr... Glanzlichter
All das wünsch ich Dir
Gratulation
Begeisterung
Erfolg
Einfach so
Liebe
Gesundheit
Herzlich willkommen
Kopf hoch - du schaffst es
Trost und Trauer
Golf ist mehr

Franz X. Bühler - Mehrsprachig

Glanzlichter - DE
Highlights - UK
Gioielli - IT
Les phares - FR
Schitterlichten - NL

Danke - DE
Thank you - UK
Merci - FR

MINIBÜCHER
Gedanken zur Lebensfreude

Thor/Prizzotti - Deutsch

Leben lieben

Thor/Prizzotti - Mehrsprachig

Grazie - IT

MINIBÜCHER
Gedanken zur Lebensfreude

Schweiger/Klöck

Inspirationen
Gedanken
Glücklich
Wunschperlen

MINIBÜCHER
Reiseführer durchs Leben

Ute Latendorf

Auf Zeit

MINIBÜCHER
Witzig, spritzig, hintergründig

Simon Dengg

Im Herzen ein Mensch

menani GmbH

Eichbergstraße 13
86935 Rott am Lech
Deutschland

Telefon: +49 (0)8869 91183-0
Telefax: +49 (0)8869 91183-18

E-Mail: info@menani.com
www.menani.com

Bildnachweise:
www.istockphoto.com

Grafik:
Applevillage Werbeagentur
Daniela Höfler

Druck:
Kösel, Krugzell
Printed in Germany

BESTSELLER - Deutsch
Création Vom Kopf ins Herz

Franz X. Bühler

Vom Kopf ins Herz
Mehr... Vom Kopf ins Herz

als Hörbuch
Vom Kopf ins Herz

als Ebook
Vom Kopf ins Herz (1)
Vom Kopf ins Herz (2)

BESTSELLER - Fremdsprachen
Création Vom Kopf ins Herz

Franz X. Bühler

Out of the Head and into the Heart - U
Dalla mente al cuore - IT
De la tête au coeur - FR
Van het hoofd in het hart - NL
Ulteriori pensieri - Dalla mente al cuore - I

als Ebook
Dalla mente al cuore (1)
Dalla mente al cuore (2)

BESTSELLER - Deutsch
Reiseführer durchs Leben

Thor/Prizzotti

Heute, hier, jetzt-
Ein Reiseführer durchs Leben

BESTSELLER - Fremdsprachen
Reiseführer durchs Leben

Thor/Prizzotti

Oggi, qui, adesso-
Una guida per la vita
(Ab Januar 2016)